D1694704

FÜR

VON

Der rote Faden
No. 112

ISBN 978-3-649-62439-4

© 2017 Coppenrath Verlag GmbH & Co. KG
Hafenweg 30, 48155 Münster, Germany
Redaktion: Katrin Gebhardt
Grafische Gestaltung: Thomas Wolters, Internetlitho
Alle Rechte vorbehalten

www.coppenrath.de

OPA, DU BIST DER BESTE

Es ist so schön,
dass es dich gibt

COPPENRATH

Das am meisten geliebte Kind
ist das Enkelkind.

Aus Arabien

❀ ❀ ❀

Großeltern haben einen großen Vorteil
gegenüber Eltern: Sie sind sich auch
beim zehnten Mal nicht zu schade dafür,
laut wiehernd und im Galopp das Pferdchen
für ihre Enkel zu spielen.

Anna Göllner

❀ ❀ ❀

Es ist äußerst amüsant, was passiert,
wenn man zu Großeltern wird.
Man fängt an, sich sehr albern
zu benehmen und Dinge zu tun,
von denen man dachte, dass man
sie niemals tun würde. Es ist fürchterlich.

Mike Krzyzewski

Großeltern sind eine herrliche Mischung
aus Lachen, Trösten, wunderbaren
Geschichten und – Liebe.

Verfasser unbekannt

❀ ❀ ❀

Was Kinder am meisten brauchen,
ist genau das, was Großeltern
im Überfluss mitbringen:
bedingungslose Liebe, Güte, Geduld,
Humor, Trost und Lehren für das Leben.
Außerdem – und das ist das Wichtigste – Kekse.

Rudolph Giuliani

❀ ❀ ❀

Beziehungen zwischen Großeltern
und Enkelkindern sind einfach.
Großeltern äußern wenig Kritik,
aber geben viel Liebe.

Redensart

Was Kinder suchen, ist eine Umarmung,
ein Schoß, ein freundliches Wort,
jemand, der ihnen eine Geschichte vorliest,
jemand zum Lächeln und Teilen.

John Thompson

❀ ❀ ❀

Das Bewusstsein darüber,
zu lieben und geliebt zu werden,
schafft Wärme und Reichtum im Leben,
die nichts anderes bringen kann.

Oscar Wilde

Kinder brauchen Liebe,
besonders wenn sie sie nicht verdienen.

Henry David Thoreau

Wie du in die Welt liebst, liebt sie dich zurück.
Und das Leben ist dankbar.

Emil Gött

❀ ❀ ❀

Es gibt Väter,
die ihre Kinder nicht lieben.
Aber niemals hat es
Großväter gegeben,
die ihre Enkelkinder
nicht angebetet hätten.

Victor Hugo

❀ ❀ ❀

Wie atmet im Herzen die Liebe!
Es ist, als wolle man sein ganzes Herz
überströmen lassen, man will,
dass alles froh sei, dass alles lache!
Und wie ansteckend ist diese Freude.

Fjodor M. Dostojewski

Lass mich ein Kind sein, sei es mit!

Friedrich von Schiller

❀ ❀ ❀

Bleibe ein Kind,
damit deine Kinder
dich immer lieben können.

Aus Estland

❀ ❀ ❀

Es ist besser, ein altes Kind
als ein junger Greis zu sein.

Aus den „Fliegenden Blättern"

❀ ❀ ❀

Der Weise ist wie ein kleines Kind.
Er kehrt zu den Anfängen zurück
und lebt wieder wie ein Kind.

Laotse

Reife des Mannes: das heißt
den Ernst wiedergefunden haben,
den man als Kind hatte,
beim Spiel.

Friedrich Nietzsche

❀ ❀ ❀

Wenn man auch noch so alt wird, so fühlt man
doch im Innern sich ganz und gar als denselben,
der man war, als man jung, ja, als man ein Kind war:
Dieses, was unverändert, stets ganz dasselbe
bleibt und nicht mitaltert, ist eben der Kern
unseres Wesens, der nicht in der Zeit liegt und
eben deshalb unzerstörbar ist.

Arthur Schopenhauer

❀ ❀ ❀

Je länger der Mensch Kind bleibt,
desto älter wird er.

Novalis

Man versteht die Kinder nicht, ist man
nicht selbst kindlichen Herzens.
Man weiß sie nicht zu behandeln,
wenn man sie nicht liebt.

Ludwig Börne

❀ ❀ ❀

Wenn man seine Kindheit bei sich hat,
wird man nie älter.

Johann Wolfgang von Goethe

❀ ❀ ❀

Humor, Zärtlichkeit und Aufmüpfigkeit
sind die besten Mittel gegen das Altern.

Yves Montand

❀ ❀ ❀

Kinder erfrischen das Leben und erfreuen das Herz.

Friedrich Schleiermacher

Ich habe oft gedacht, wie traurig
diese Welt ohne Kinder wäre
und wie unmenschlich ohne die Alten.

Samuel Taylor Coleridge

❀ ❀ ❀

Mit zunehmendem Alter
erhält der Mensch etwas,
das besser als Bewunderung ist –
die Fähigkeit, Dinge entsprechend
ihres eigenen Wertes zu beurteilen.

Samuel Johnson

❀ ❀ ❀

Alte Leute beglückt es,
gute Ratschläge erteilen zu können,
denn es tröstet sie über die Tatsache hinweg,
dass sie kein schlechtes Beispiel
mehr geben können.

François de La Rochefoucauld

JA, DAS MÖCHT ICH NOCH ERLEBEN

Eigentlich ist alles soso,
heute traurig, morgen froh,
Frühling, Sommer, Herbst und Winter,
ach, es ist nicht viel dahinter.
Aber mein Enkel, so viel ist richtig,
wird mit nächstem vorschulpflichtig,
und in etwa vierzehn Tagen
wird er eine Mappe tragen,
Löschblätter will ich ins Heft ihm kleben –
ja, das möcht ich noch erleben.

Eigentlich ist alles nichts,
heute hält's, und morgen bricht's,
hin stirbt alles, ganz geringe
wird der Wert der ird'schen Dinge;
doch wie tief herabgestimmt
auch das Wünschen Abschied nimmt,
immer klingt es noch daneben:
Ja, das möcht ich noch erleben.

Theodor Fontane

Man kann die Zeit festhalten,
wenn man sie in Tat umsetzt.
In Gestalt eines geschaffenen Werkes
umgibt die Zeit des Großvaters
noch den Enkel.

Peter Rosegger

❀ ❀ ❀

Ihr seid der Bogen, von dem aus eure Kinder
als lebendige Pfeile ausgesandt werden.

Khalil Gibran

❀ ❀ ❀

Weil Großeltern normalerweise die Freiheit haben,
zu lieben und zu leiten und sich mit den Jungen
anzufreunden, ohne täglich die Verantwortung für sie
übernehmen zu müssen, können sie häufig über den
Stolz und die Angst vor Fehlern hinausreichen und
die Lücke zwischen den Generationen schließen.

Jimmy Carter

Man ist vielmehr das Kind
seiner vier Großeltern
als seiner zwei Eltern.

Friedrich Nietzsche

❀ ❀ ❀

Was gut gepflanzt ist, wird nicht ausgerissen.
Was treu bewahrt wird, geht nicht verloren.
Wer sein Gedächtnis
Söhnen und Enkeln hinterlässt,
hört nicht auf.

Laotse

❀ ❀ ❀

Niemals bin ich allein.
Viele, die vor mir lebten
und fort von mir strebten,
webten, webten
an meinem Sein.

Rainer Maria Rilke

Es gehört zum Wesen der Natur, dass
wir uns oft zu entfernten Generationen
stärker hingezogen fühlen
als zu der Generation,
die uns unmittelbar vorausgeht.

Igor Strawinsky

❀ ❀ ❀

Großeltern sind einfach wunderbar.
Sie backen Kuchen, reparieren Spielzeug
und sind unsere Seelentröster bei jeder
noch so kleinen Verletzung.

Leonore Bergmann

❀ ❀ ❀

Mit den Kindern muss man
zart und freundlich verkehren.
Das Familienleben ist
das beste Band.

Otto von Bismarck

Überall lernt man nur von dem,
den man liebt.

Johann Wolfgang von Goethe

❀ ❀ ❀

Erziehung ist Beispiel und Liebe, sonst nichts.

Friedrich Fröbel

❀ ❀ ❀

Es gibt keine andere vernünftige
Erziehung als Vorbild sein – wenn's nicht
anders geht, ein abschreckendes.

Albert Einstein

❀ ❀ ❀

Man muss den Leuten nur
ein bisschen verrückt vorkommen,
dann kommt man schon weiter.

Wilhelm Raabe

Bring ein Kind zum Staunen
und du hast ihm den Weg
zum Verstehen gezeigt.

Samuel Pierpont Langley

❀ ❀ ❀

Was unsere Enkel tun werden,
hängt davon ab, was wir tun.

Eduard von Keyserling

❀ ❀ ❀

Was man den Kindern tut,
ist doppelt gut;
da im Erfolg, den jeder sieht,
man ihre Eltern miterzieht.

Franz Grillparzer

Großeltern machen die Welt
ein wenig weicher,
ein wenig freundlicher,
ein wenig wärmer.

Aus Italien

❀ ❀ ❀

Das Erste,
das der Mensch im Leben vorfindet,
das Letzte,
wonach er die Hand ausstreckt,
das Kostbarste,
was er im Leben besitzt,
ist die Familie.

Adolf Kolping

❀ ❀ ❀

Wenn die Familie beisammen ist,
ist die Seele auf ihrem Platz.

Aus Russland

Schafft frohe Jugend euren Kindern,
des Lebens Heimsuchung zu lindern;
wer jung schon viel erfahren Gutes,
trägt auch das Schlimmste leichten Mutes.

Doch wem kein freundliches Erinnern
zurückbleibt aus der Jugendzeit,
dem fehlt der frische Trieb im Innern
zu rechter Lebensfreudigkeit.

Friedrich Martin von Bodenstedt

Mit einer Kindheit voll Liebe
kann man ein halbes Leben hindurch
für die kalte Welt haushalten.

Jean Paul